AF188335

Impressum
Verlag: BABADADA GmbH, Nedderfeld 112 , 22529 Hamburg
Geschäftsführer / Verlagsleitung: Harald Hof
Druck: Books on Demand GmbH, In de Tarpen 42, 22848 Norderstedt

Imprint
Publisher: BABADADA GmbH, Nedderfeld 112 , 22529 Hamburg, Germany
Managing Director / Publishing direction: Harald Hof
Print: Books on Demand GmbH, In de Tarpen 42, 22848 Norderstedt, Germany

школа

sekolo

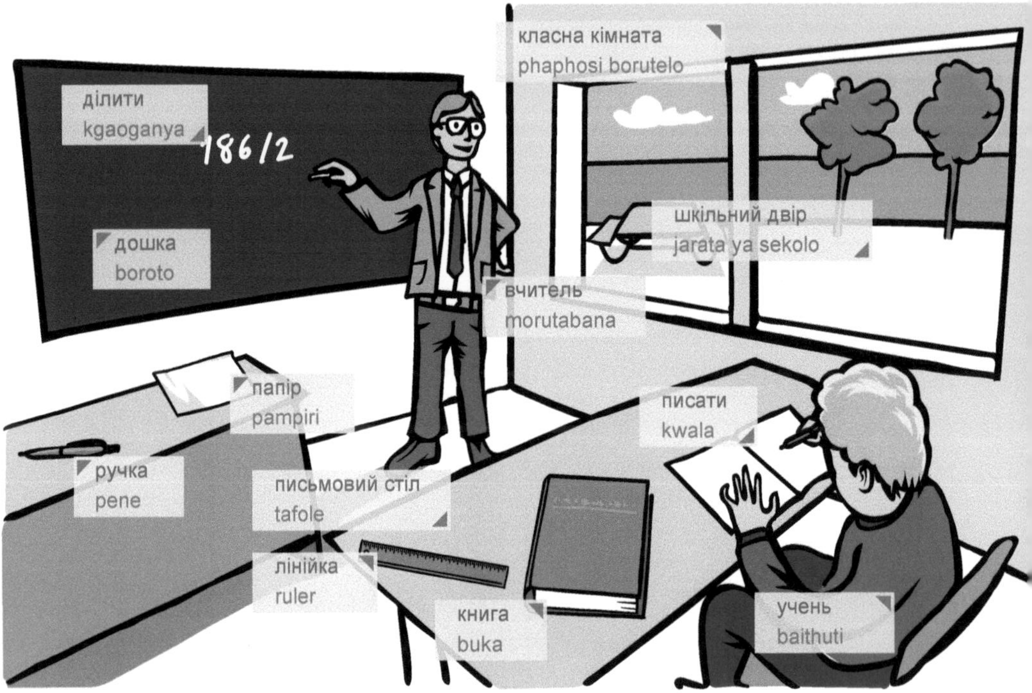

класна кімната
phaphosi borutelo
ділити
kgaoganya
186/2
дошка
boroto
шкільний двір
jarata ya sekolo
вчитель
morutabana
папір
pampiri
писати
kwala
ручка
pene
письмовий стіл
tafole
лінійка
ruler
книга
buka
учень
baithuti

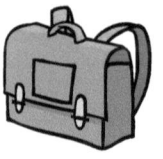

ранець

kgetsana ya dibuka

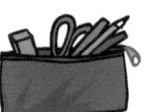

пенал

setsenya dipensele

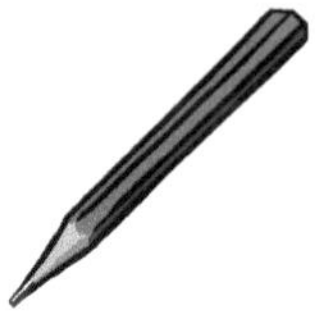

олівець

pensele

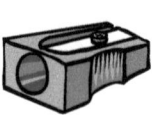

точило

seseta pensele

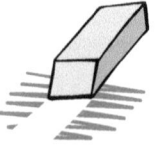

гумка

sephimola

альбом для малювання

boto ya go torowa

малюнок

torowa

пензель

boratšhe jwa pente

коробка фарб

bokose ya pente

ножиці

dikere

клей

sekgomaretsi

зошит

buka ya go kwalela

домашнє завдання

tirogae

число

palo

додавати

tlhakanya

віднімати

kgaoganya

множити

atisa

рахувати

khalkhuleitara

літера

lekwalo

абетка

alfabete

слово

lefoko

текст

mafoko

читати

bala

крейда

choko

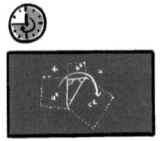

година

thuto

класний журнал

rejistara

екзамен

tlhatlhobo

диплом

setifikeiti

шкільна форма

diaparo tsa sekolo

освіта

thuto

лексикон

encyclopedia

університет

unibesithi

мікроскоп

mikoroskoupo

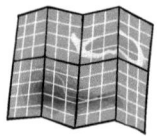

карта

mmepe

кошик для паперу

moteme wa dipampiri

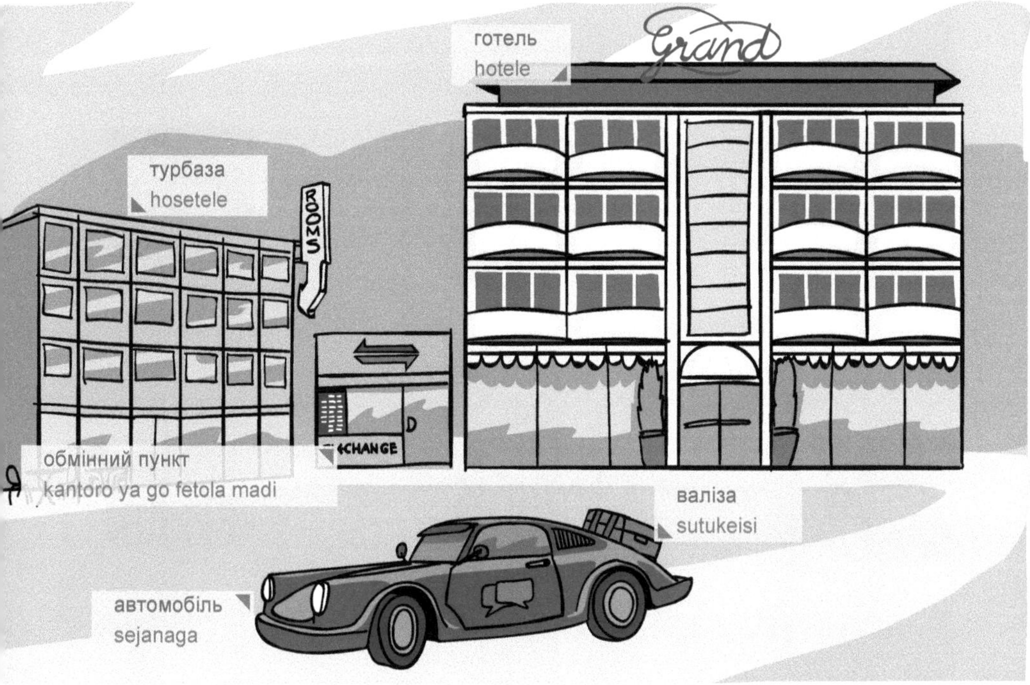

Grand
готель
hotele
турбаза
hosetele
ROOMS
обмінний пункт
kantoro ya go fetola madi
валіза
sutukeisi
автомобіль
sejanaga

мова

puo

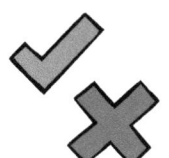

так / ні

ee / nnyaa

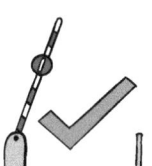

добре

Go siame

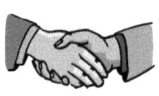

привіт

dumela

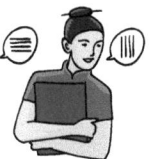

перекладач

moranodi

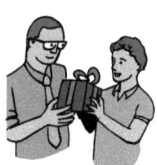

дякую

Ke a leboga

Скільки коштує ...?

ke bokae...?

Я не розумію

ga ke tlhaloganye

проблема

bothata

Добрий вечір!

O itumelele bosigo!

Доброго ранку!

Dumela!

На добраніч!

Robala Sentle!

До побачення

tsamaya sentle

напрямок

tsela

багаж

dithoto

сумка

kgetsi

рюкзак

kgetsi

гість

moeng

кімната

phaposi

спальний мішок

kgetsana ya go robalela

намет

mogope

туристична інформація

tshedimosetso ya mojanala

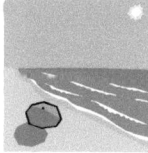

пляж

lewatle

кредитна картка

karata ya go tsaya sekoloto

сніданок

sefitlholo

обід

dijo tsa motshegare

вечеря

dijo tsa maitsiboa

квиток

tekete

ліфт

lifiti

поштова марка

setempe

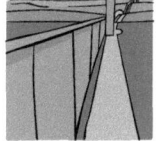

межа

bodara

митниця

dingwao

посольство

embassy

віза

visa

паспорт

lokwalo itshupo

транспорт

sepalangwa

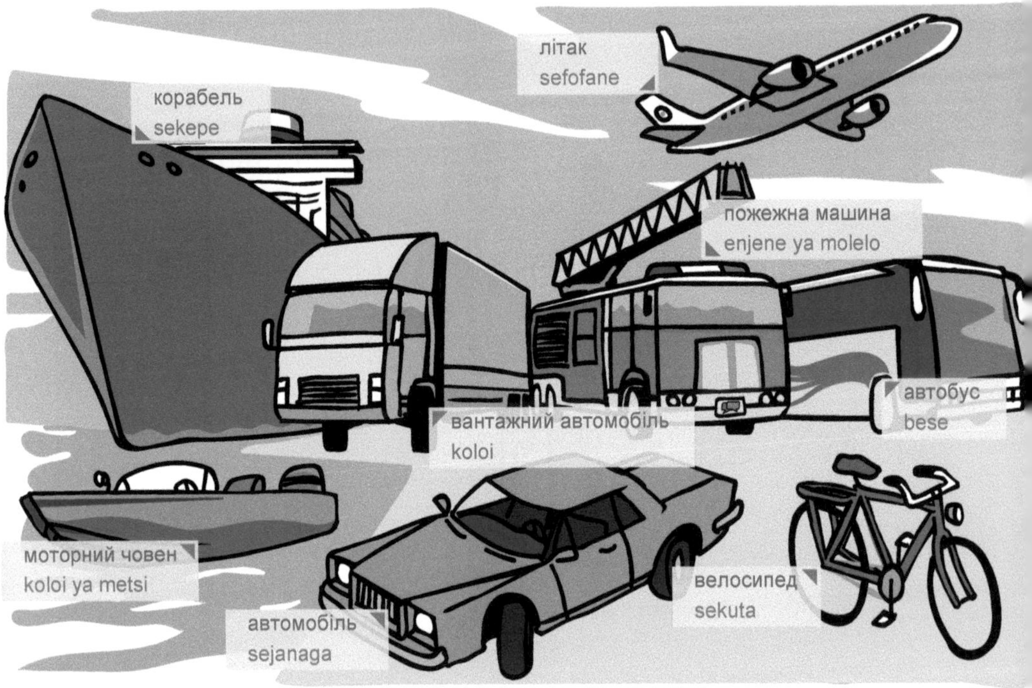

літак
sefofane
корабель
sekepe
пожежна машина
enjene ya molelo
автобус
bese
вантажний автомобіль
koloi
моторний човен
koloi ya metsi
велосипед
sekuta
автомобіль
sejanaga

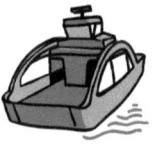

пором

feri

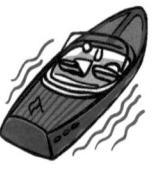

човен

sekepe

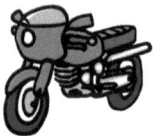

мотоцикл

sethuthuthu

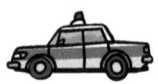

поліцейська машина

sejanaga sa mapodisa

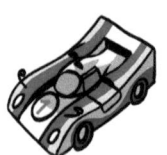

гоночний автомобіль

sejanaga sa lobelo

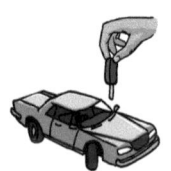

автомобіль на прокат

sejanaga se se hirilweng

спільне користування авто

aroganya sejanaga

евакуатор

koloi e e gogang dikoloi tse di robegileng

сміттєвоз

koloi e e tsayang matlakala

двигун

koloi

паливо

lookwane

автозаправна станція

seteišhene sa lookwane

дорожній знак

letshwao la pharakano

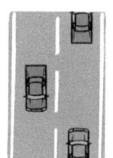

рух

pharakano

затор

pharakano

стоянка

lefelo la go emisa koloi

вокзал

seteišhene sa terena

рейки

mela

потяг

terena

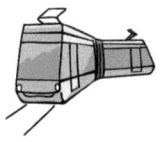

трамвай

tereme

вагон

kolotsana

гелікоптер

sefofane

аеропорт

boemeladifofane

вежа

tora

пасажир

mopalami

контейнер

sekhafothini

коробка

bokoso

візок

karaki

кошик

basekete

стартувати / приземлятися

go tsamaya / go fitlha

місто

toropo

село

motse

центр міста

legare la teropo

дім

ntlo

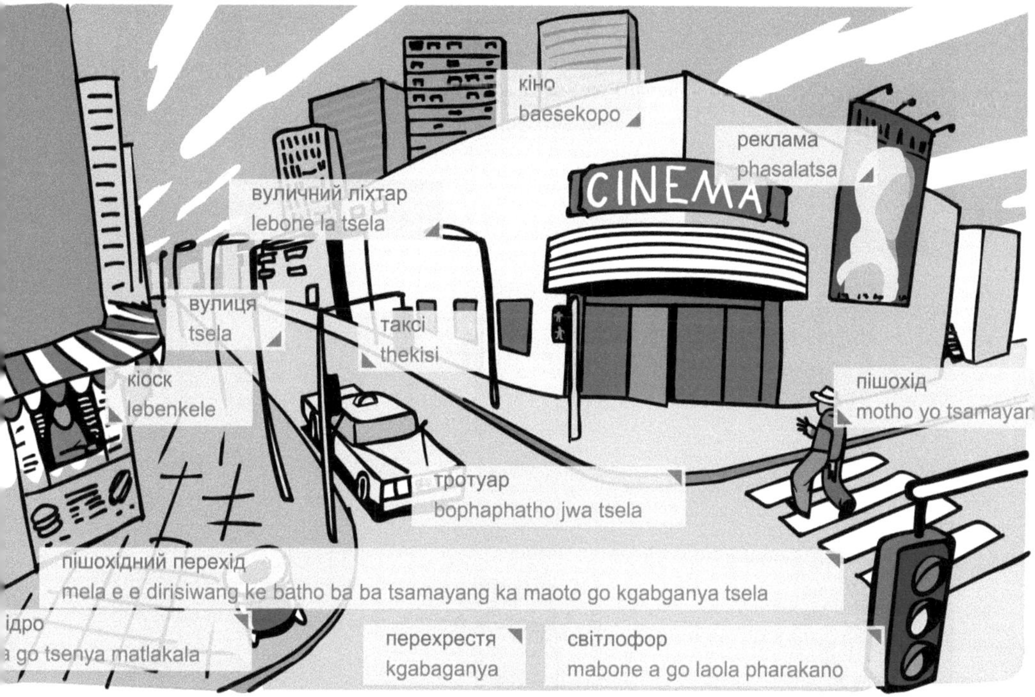

кіно
baesekoro

реклама
phasalatsa

вуличний ліхтар
lebone la tsela

CINEMA

вулиця
tsela

таксі
thekisi

кіоск
lebenkele

пішохід
motho yo tsamayar

тротуар
bophaphatho jwa tsela

пішохідний перехід
mela e e dirisiwang ke batho ba ba tsamayang ka maoto go kgabganya tsela

ідро
a go tsenya matlakala

перехрестя
kgabaganya

світлофор
mabone a go laola pharakano

хатина
ntlo e e ruletseng ka bojang

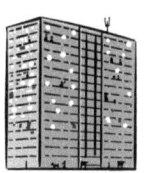

квартира
sephara

вокзал
seteišhene sa terena

ратуша
ntlolehalahala la toropo

музей
museamo

школа
sekolo

університет

unibesithi

банк

banka

лікарня

sepetlele

готель

hotele

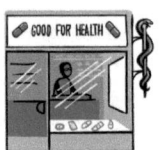

аптека

lefelo la melemo

офіс

kantoro

книжковий магазин

lebenkele la dibuka

магазин

lebenkele

квітковий магазин

batho ba ba rekisang malomo

супермаркет

lebenkele

ринок

maraka

універмаг

lebenkele la diaparo

торговець рибою

fishmongers

торговельний центр

moago wa mabenkele a a mantsi

гавань

boema dikepe

парк

serapa

лава

banka

міст

borogo

сходи

ditepisi

метро

kwa tlase ga lefatshe

тунель

kgogometso

автобусна зупинка

boemela bese

бар

bara

ресторан

lefelo la go jela

поштова скринька

lebokose la pose

вулична табличка

letshwao la tsela

лічильник паркування

mitara wa go emisa koloi

зоопарк

lefelo la go bonela diphologolo

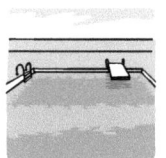

басейн

letlodi la go thuma

мечеть

tempele ya mamoselema

ферма

polase

**забруднення
навколишнього
середовища**
kgotlelelo

кладовище

mabitla

церква

kereke

дитячий майданчик

lefelo la go tshamekela

храм

temple

ландшафт

boago jwa lefelo

листок
setlhatsana

вказівний стовп
matshwao

шлях
tsela

луг
ditlhaga

камінь
letlapa

дерево
setlhare

мандрівник
motho yo o tsamayang mo thabeng

річка
noka

трава
bojang

квітка
lelomo

долина

mokgatša

гора

thatshana

озеро

lekadiba

ліс

sekgwa

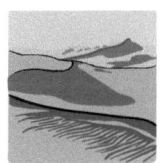

пустеля

sekaka

вулкан

lekgwamolelo

замок

khasele

веселка

motshe wa badimo

гриб

leboa

пальма

mokolana

комар

montsane

муха

tshenekegi

мурашка

tshoswane

бджола

notshi

павук

segokgo

ландшафт - boago jwa lefelo

жук

khukhwana

жаба

segwagwa

вивірка

mosha

їжак

noko

заєць

mmutla

сова

morubisi

птах

nonyane

лебідь

pidipidi

кабан

dikolobe tsa naga

олень

kgokong

лось

moose

гребля

letamo

вітряк

sefetlhaphefo

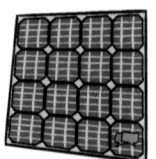

сонячний модуль

motlakase o o dirilweng ka
letsatsi

клімат

loapi

офіціант
weitara

меню
lenaane la dijo

стілець
setulo

суп
sopo

піца
pizza

столові прилади
dintsho

скатертина
fatuku ya tafole

закуска
sejo sa ntlha

друга страва
sejo sa bobedi

десерт
dijo tse di naleng sukiri

напої
dino

їжа
dijo

пляшка
botlolo

фаст-фуд

dijo tsa mo strateng

вулична їжа

dijo tsa seterata

чайник

ketlele ya tee

цукорниця

sejana sa go tsenya sukiri

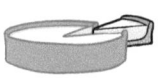

порція

karolo

еспресо-машина

motšhini wa espresso

високий стільчик

setulo se se kwa godimo

рахунок

tshupamolato

піднос

terei

ніж

thipa

вилка

forotlho

ложка

liso

чайна ложка

leswana

серветка

lesela la go iphimola

склянка

galase

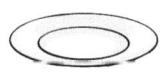

тарілка

poleiti

тарілка для супу

poleiti ya sopo

блюдце

sosara

соус

sopo

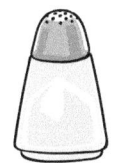

солонка

sejana sa letswai

млин для перцю

sesila pepere

оцет

aseini

масло

oli

спеції

ditswaiso

кетчуп

tamati souso

гірчиця

masetete

майонез

mayonaese

супермаркет

lebenkele

пропозиція
sesolo se se kgethegileng
FOR
клієнт
moreki
молочні продукти
dilwana tsa mašwi
фрукти
leungo
візок для покупок
teroli

BUTCHERS

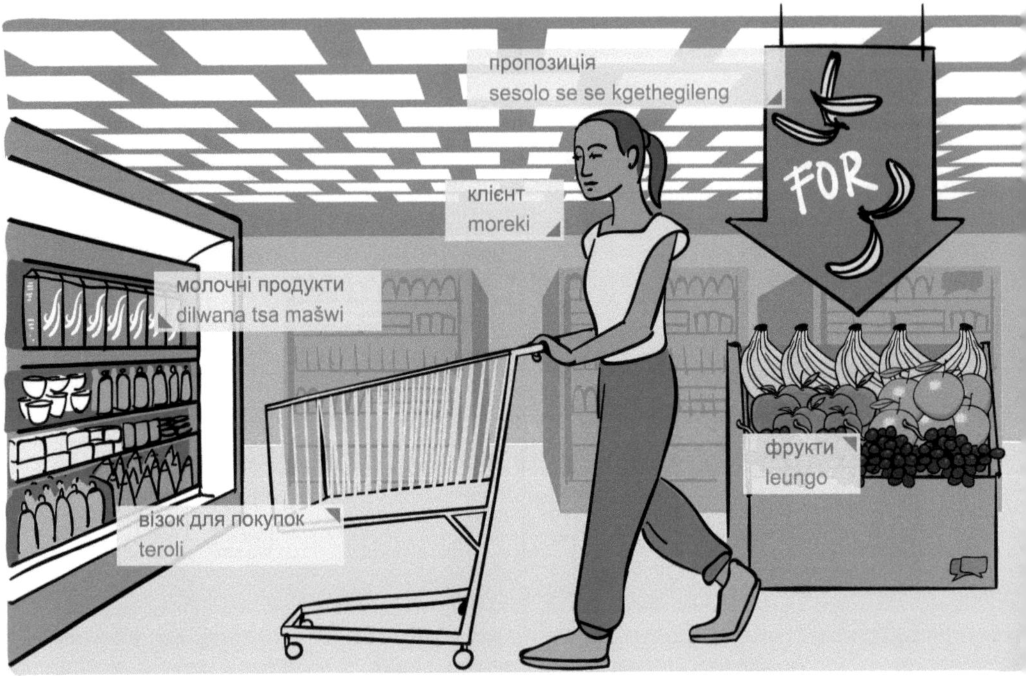

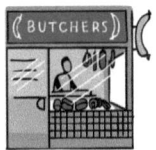

м'ясний магазин

batho ba ba segang nama

BAKERY

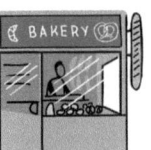

пекарня

babaki

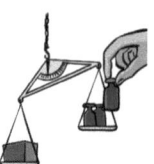

зважувати

boima

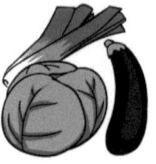

овочі

merogo

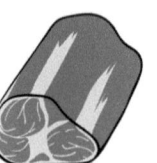

м'ясо

nama

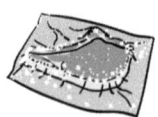

заморожені продукти

dijo tse di aesitsweng

ковбасна нарізка

nama e e sa tlhokeng go apewa

консерви

dijo tsa thini

пральний порошок

molora o o tlhatswang

солодощи

dimonamone

предмети домашнього побуту

dilwana tsa ntlo

мийний засіб

dilwana tsa go phepafatsa

продавщиця

morekisi

каса

motšhini wa madi

касир

morekisi

список покупок

lennane la go reka

часи роботи

diura tsa go bula

гаманець

sepatšhe

кредитна картка

karata ya go tsaya sekoloto

сумка

kgetsi

поліетиленовий пакет

kgetsi ya polasetiki

вода

metsi

сік

jusi

молоко

mašwi

кола

khouku

вино

beine

пиво

biri

алкоголь

bojalwa

какао

khoukhou

чай

tee

кава

kofi

еспресо

esepereso

капучіно

cappuccino

банан

panana

яблуко

apole

апельсин

namune

кавун

legapu

лимон

surunamune

морква

segwete

часник

konofole

бамбук

lotlhaka lwa bampuse

цибуля

eie

гриб

mabowa

горішки

manoko

локшина

di-noodles

спагеті

sepagethi

рис

raese

салат

salate

картопля фрі

ditšhipisi

смажена картопля

ditapole tse di gadikilweng

піца

pizza

гамбургер

hamburger

бутерброд

borotho jo bo tlapisitsweng

шніцель

nama e e gadikilweng

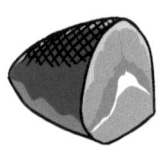

шинка

nama ya kolobe

салямі

salami

ковбаса

boroso

курка

koko

печеня

gadika

риба

tlhapi

вівсяні пластівці

bogobe jwa outse

мюслі

muesli

кукурудзяні пластівці

cornflakes

борошно

bupi

круасан

croissante

булочка

banse

хліб

borotho

тостовий хліб

borotho jo bo besitsweng

печиво

bisikiti

масло

botoro

сир

tšhisi

пиріг

kuku

яйце

lee

яєчня

lee le le gadikilweng

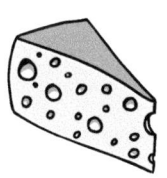

сир

kase

морозиво

aesekirimi

цукор

sukiri

мед

mamepe a dinotshe

мармелад

jeme

нуга-крем

chokolete e e tshasiwang

карі

khari

ферма

polase

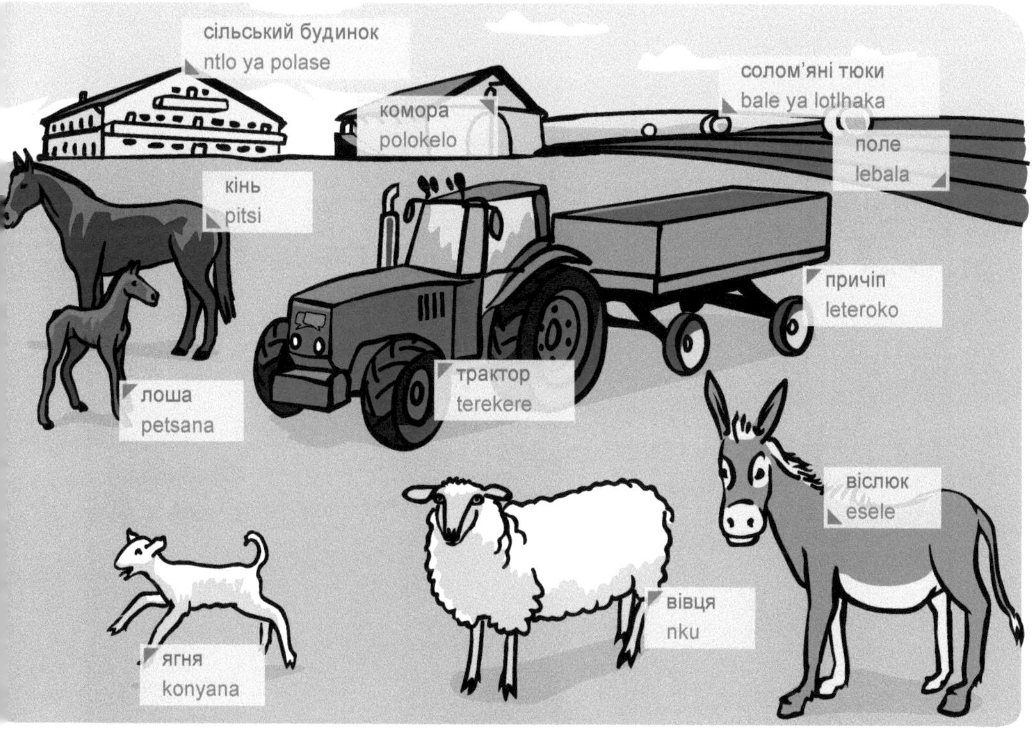

сільський будинок
ntlo ya polase
комора
polokelo
солом’яні тюки
bale ya lotlhaka
поле
lebala
кінь
pitsi
причіп
leteroko
трактор
terekere
лоша
petsana
віслюк
esele
вівця
nku
ягня
konyana

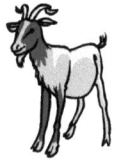

коза
pudi

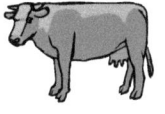

корова
kgomo

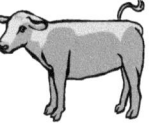

теля
namane

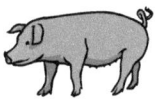

свиня
kolobe

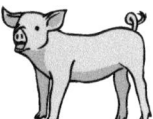

порося
kolojane

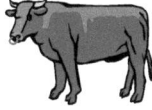

бик
poo

гусак
ganse

качка
pidipidi

курча
kokwanyana

курка
mokoko

півень
mokoko

щур
peba

кіт
katse

миша
peba

віл
kgomo

собака
ntša

собача будка
ntlo ya ntša

садовий шланг
lethompo la tshingwana

лійка
tanka ya go nosetsa

коса
disekele tsa tshipi

плуг
lema

ферма - polase

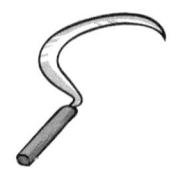

серп

disekele

мотика

setlhagola

вила

foroko ya go peta

сокира

selepe

тачка

kiribae

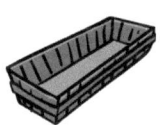

корито

bonwelo

бідон молока

mašwi a a moteng ga moteme

мішок

kgetsana

паркан

legora

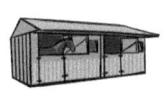

хлів

tsepame

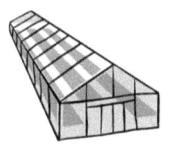

теплиця

lefelo la go godisa dijalo

ґрунт

mmu

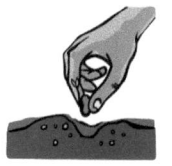

насіння

peo

добриво

menyoro

комбайн

thobo e e kopaneng

ферма - polase

пожинати

thobo

урожай

thobo

корінь ямсу

di-yam

пшениця

korong

соя

soya

картопля

tapole

кукурудза

korong

ріпак

disonobolomo

плодове дерево

setlhare sa maungo

маніок

cassava

злаки

dijo tsa phakela

димохід
sentshamosi

дах
marulelo

водостічний лоток
peipe ya deraine

вікно
letlhabaphefo

гараж
karaje

дзвінок
bele ya setswalo

двері
lebati

відро для сміття
motene wa matlakala

поштова скринька
lebokose la dikwalo

сад
tshingwana

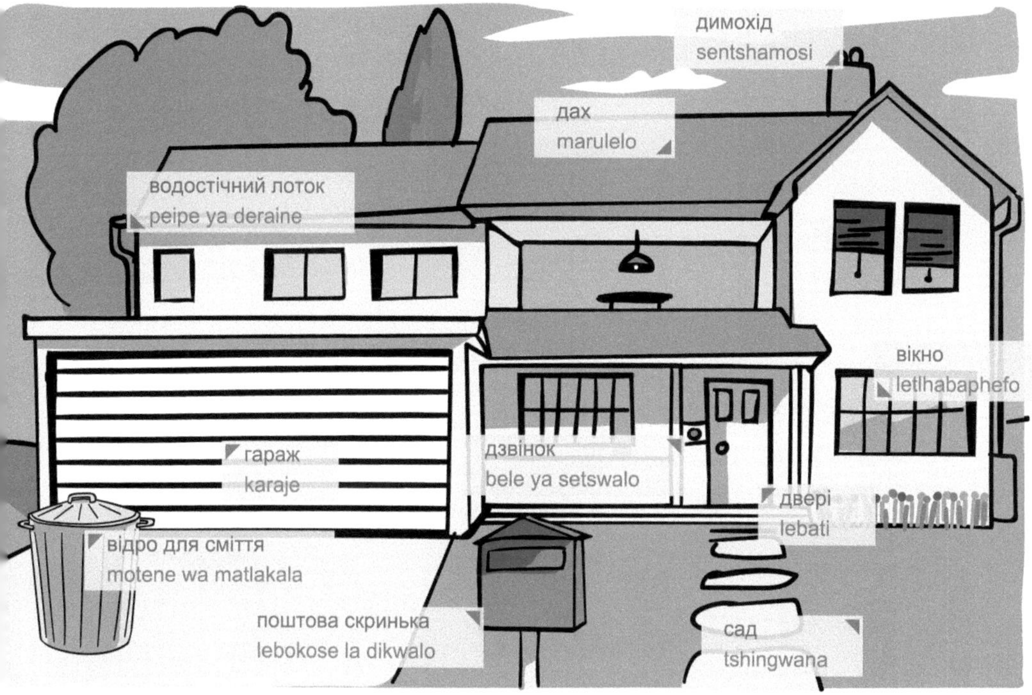

вітальня

phaposi ya bodulo

ванна кімната

phaposi ya go tlhapela

кухня

boapeelo

спальня

phaposi ya borobalo

дитяча кімната

phaposi ya bana

їдальня

phaposi ya bojelo

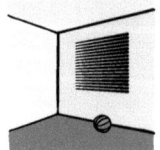

підлога

mo fatshe

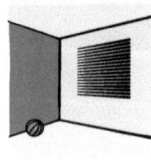

стіна

lebota

стеля

siling

підвал

mabolokelo

сауна

se futhumatsa mmele

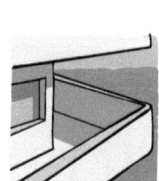

балкон

mokatako

тераса

mokgekolosa

басейн

makadiba

косарка

sedirisiwa sa go sega bojang

простирало

lakane

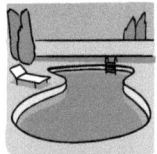

ковдра

kobo

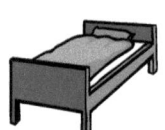

ліжко

bolao

мітла

lefielo

відро

kgamelo

перемикач

switch

вітальня
phaposi ya bodulo

шпалери
pampiri e e kgabisng lebota
малюнок
setshwantsho
лампа
lobone
поличка
raka
шафа
raka
телевізор
thelebishene
камін
iso
квітка
lelomo
подушка
mosamo
диван
soufa
ваза
setsenya malomo
пульт
selaola thelebishene o le kgakala le yone

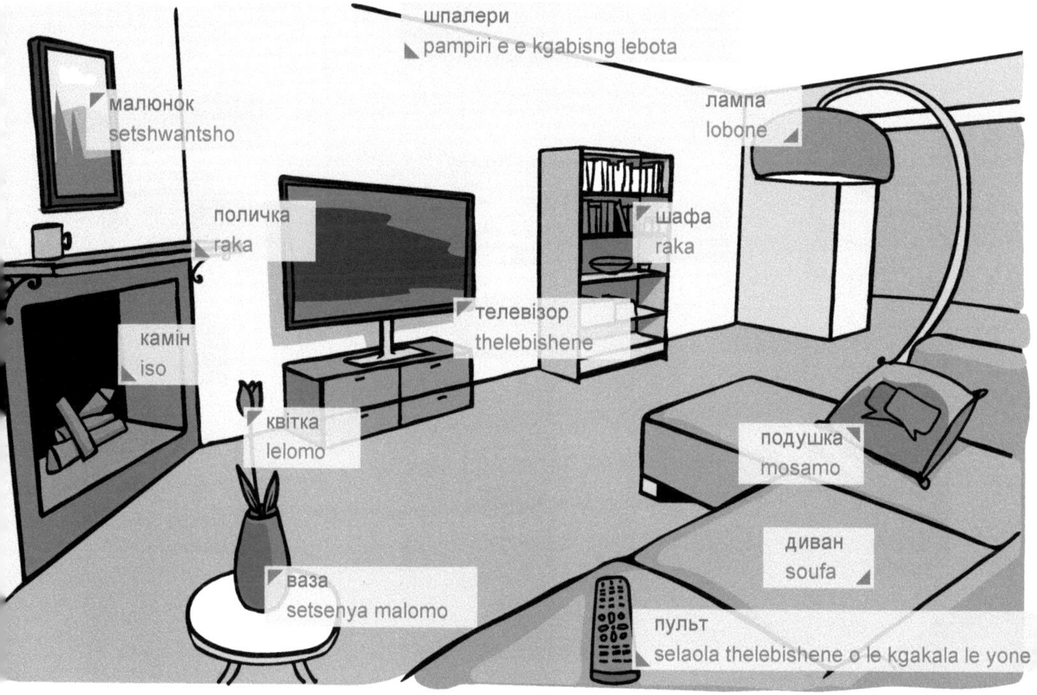

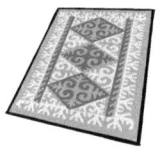

килим

mmetshe

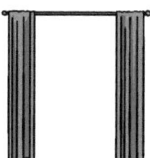

завіса

garetene

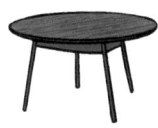

стіл

tafole

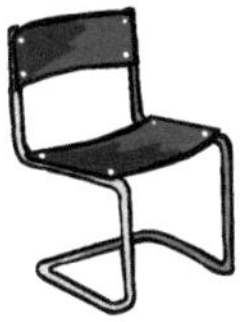

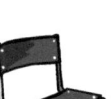

стілець

setulo

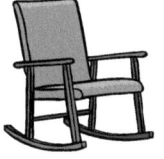

крісло-гойдалка

setulo se se binang

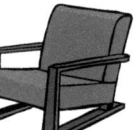

крісло

setulo se se naleng boikego

книга

buka

ковдра

kobo

прикраса

mokgabiso

дрова

dikgong tsa molelo

фільм

filimi

стереосистема

hi-fi ya go letsa

ключ

selotlolo

газета

lokwalodikgang

картина

setshwantsho se se
dirilweng ka pente

плакат

pampiri ya go phasalatsa

радіо

seyalemowa

блокнот

buka ya dintla

пилосос

huvara

кактус

motoroko

свічка

kerese

кухня
boapeelo

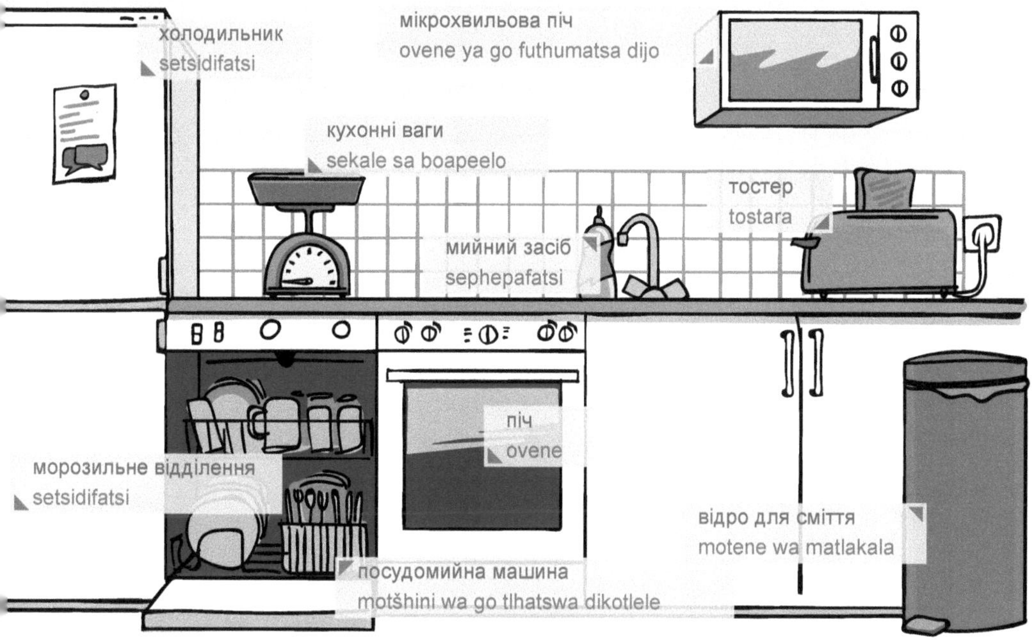
холодильник
setsidifatsi
мікрохвильова піч
ovene ya go futhumatsa dijo
кухонні ваги
sekale sa boapeelo
тостер
tostara
мийний засіб
sephepafatsi
піч
ovene
морозильне відділення
setsidifatsi
відро для сміття
motene wa matlakala
посудомийна машина
motšhini wa go tlhatswa dikotlele

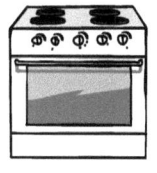

плита
moapei

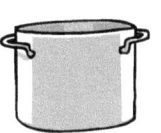

горщик
pitsa

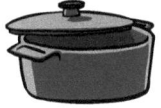

чавунний горщик
pitsa ya tshipi

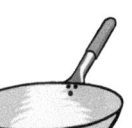

вок / кадай
wok / kadai

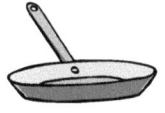

сковорода
pane

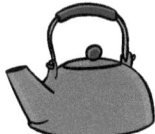

чайник
ketlele

пароварка

sefuthumatsi

лист

terei ya go baka

посуд

dintsho

кухоль

kopi

чаша

sejana

палички для їжі

thobane ya go rema

черпак

thoka

лопатка

sepatšhula

вінчик для збивання

wiskara

сито

setereinara

сито

setlhotlhi

терка

greitara

ступка

kika

барбекю

nama ya kgomo

багаття

molelo o o morepeneneg

дошка

boroto ya go segela

качалка

rolara

штопор

sebula dibotlolo tsa beine

конзерва

moteme

відкривачка

sebula moteme

прихватки

setshwari sa pitsa

раковина

sinki

щітка

boratšhe

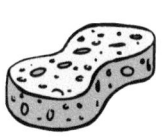

губка

sepontšhe

міксер

setlhakanya dijo / maungo

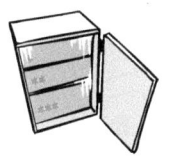

морозильна камера

setsidifatsi

дитяча пляшка

botlole ya ngwana

кран

tepe

ванна кімната
phaposi ya go tlhapela

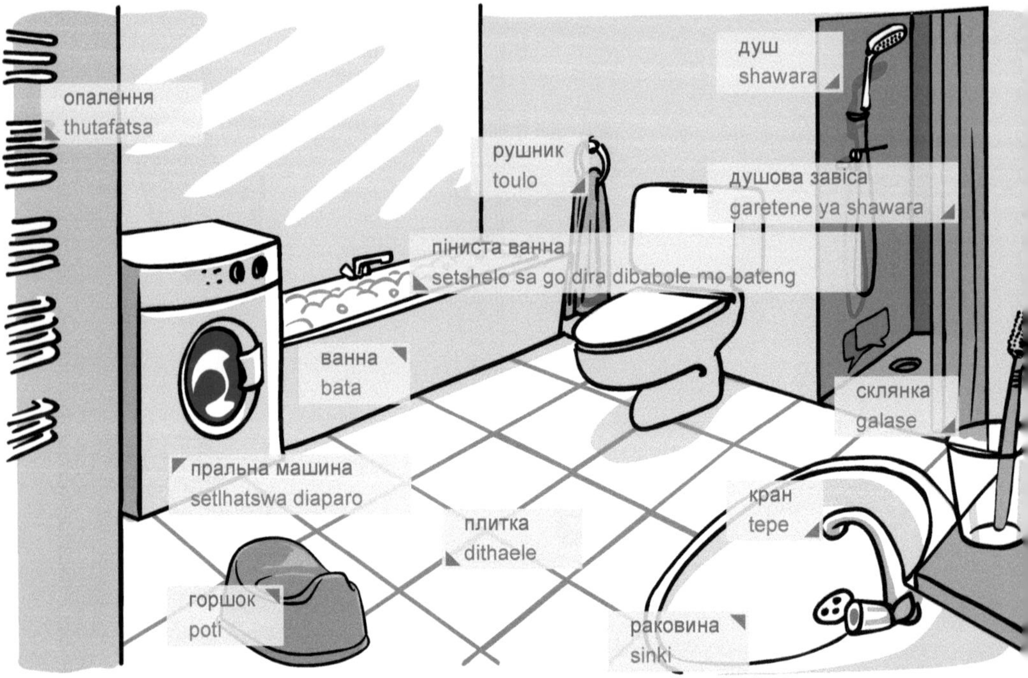

душ
shawara
опалення
thutafatsa
рушник
toulo
душова завіса
garetene ya shawara
пiниста ванна
setshelo sa go dira dibabole mo bateng
ванна
bata
склянка
galase
пральна машина
setlhatswa diaparo
кран
tepe
плитка
dithaele
горшок
poti
раковина
sinki

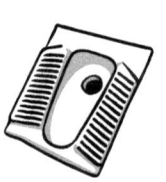

туалет

ntlwana

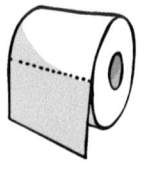

підлоговий туалет

ntlwana ya go kotama

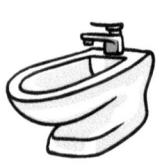

біде

bidete

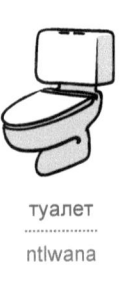

пісуар

moroto

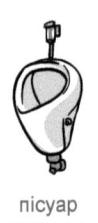

туалетний папір

pampiri ya boithomelo

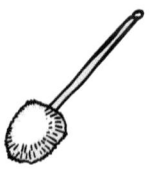

щітка для туалету

boratšhe jwa ntlwana

зубна щітка

boratšhe jwa meno

зубна паста

sesepa sa meno

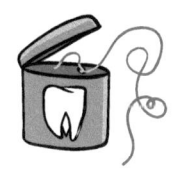

нитка для чищення зубів

tlhale ya go phepafatsa meno

мити

tlhatswa

ручний душ

shawara ya go itshwarela

інтимний душ

senkgisa monate

таз

beisini

щітка для спини

boratšhe jwa mokwatla

мило

sesepa

гель для душу

jele ya shawara

шампунь

setlhapisa moriri

мочалка

folanele

водостік

mosele

крем

setlolo

дезодорант

senkgamonate

дзеркало

seipone

косметичне дзеркало

seipone sa go itshwarela

бритва

legare

піна для гоління

foumu ya go ntsha moriri

лосьйон після гоління

foumu ya fa o fetsa go
ntsha moriri

гребінь

kama

щітка

boratše

фен

seomisa moriri

лак для волосся

seporei sa moriri

косметика

seitlole sa sefatlhego

губна помада

setlolo sa molomo

лак для нігтів

pente ya dinala

вата

boboa

ножиці для нігтів

sekere sa dinala

парфум

leokwane le le nkgang
monate

косметичка

kgetsana ya go tlhatswa

табурет

setulo

ваги

sekale sa go lekanya

халат

seaparo sa botlhapelo

гумові рукавички

ditlelafo tsa rekere

тампон

tempone

гігієнічні прокладки

sedirisiwa sa basadi ba ba mo kgweding

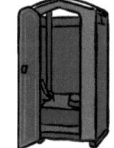

біотуалет

ntlwana ya khemikhale

дитяча кімната
phaposi ya bana

будильник
tshupanako ya alamo
м'яка іграшка
mpopi wa go tlamparela
іграшковий автомобіль
koloi e e tshamekang
брязкальце
setšhakgatšhakga
ляльковий будиночок
ntlo ya dipompi
подарунок
poresente

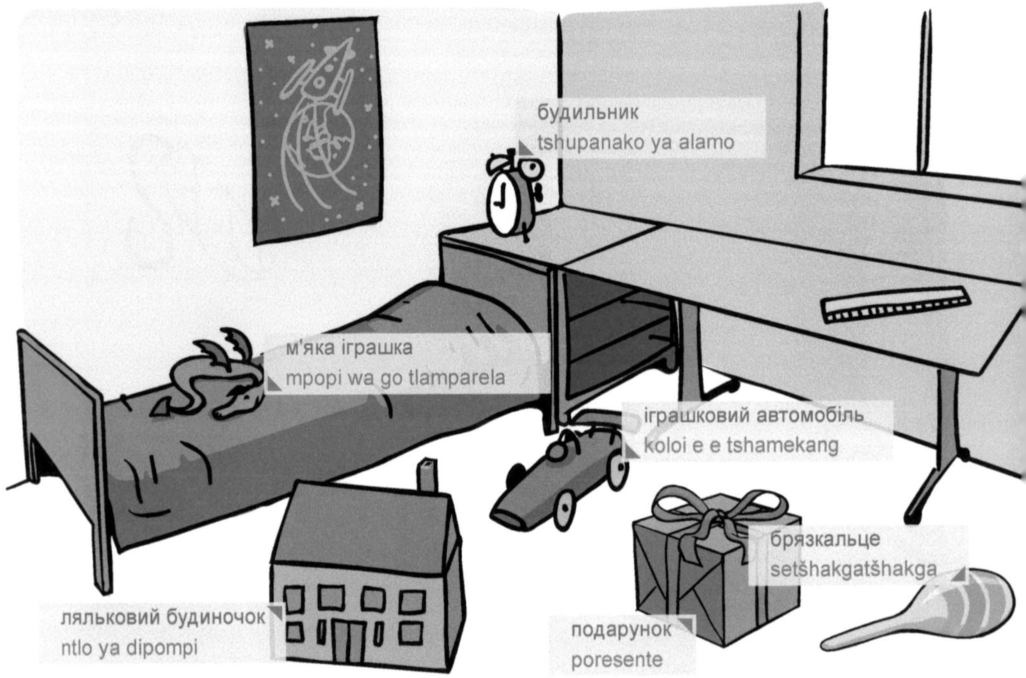

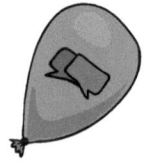

повітряна кулька

baluni

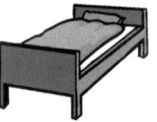

ліжко

bolao

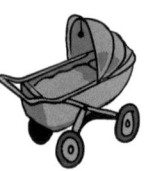

дитячий візок

porema

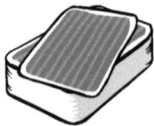

картярська гра

deck of cards

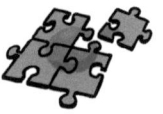

пазл

saga ya motlakase

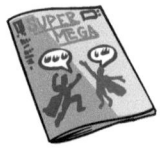

комікс

buka ya ditshegisi

лего цеглинки

matlapa a go tshameka

блоки

diboloko tse di tshamekang

іграшкова фігурка

setshwantsho sa motho

повзунки

seaparo sa lesea

фризбі

Frisbee

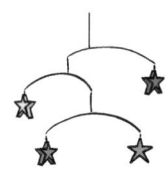

мобіле

selo sa go letsa mmino mo
ditsebeng

настільна гра

motshameko wa boroto

кубик

daese

модель залізнична станція

terena

соска

tami

вечірка

moletlo

книжка з картинками

buka ya ditshwantsho

м'яч

bolo

лялька

mpopi

грати

tshameka

пісочниця

lebala le le naleng santa

гойдалка

moswinki

іграшка

ditshamekisi tsa bana

гральна консоль

motshameko wa dibidio

триколісний велосипед

baesekele ya maotwana a a mararo

плюшевий мішка

bera e e diretsweng go tshamekisa bana

шафа

raka ya go baya diaparo

одяг

seaparo

шкарпетки

dikausu

панчохи

dikausu tsa basadi

колготки

dithaetse

шарф
sekhafo

ремінь
lebante

парасоля
sekhukhu

футболка
sekipa

чоботи
dibutshi

домашнє взуття
disilipara

кросівки
diteki

сандалі
dimphatšhane

взуття
ditlhako

гумові чоботи
dibutshi tsa rekere

труси
borukgwe jwa kwateng

бюстгальтер
boraa

нижня сорочка
besete

одяг - seaparo

боді

mmele

штани

borukgwe

джинси

bokate

спідниця

sekete

блузка

bolaose

сорочка

hempe

пуловер

jeresi e e senang matsogo

светр

jakete e e enaleng hutshe

піджак

boleisara

куртка

jakete

пальто

jase

дощовик

jase ya pula

костюм

khosetjhumo

сукня

mosese

весільна сукня

mosese wa lenyalo

костюм

sutu

нічна сорочка

seaparo sa bosigo

піжама

diaparo tsa go robala

сарі

sari

головна хустка

sekhafa sa tlhogo

чалма

turban

бурка

burqa

кафтан

kaftan

абая

abaya

купальник

seaparo sa go thuma

плавки

diteranka

шорти

borukgwe jo bo khutshwane

тренувальний костюм

terekesutu

фартух

seaparo sa go phephafatsa

рукавички

ditlelafo

гудзик

talama

окуляри

diborele

браслет

sebaga

ланцюг

sebaga sa mo thamong

кільце

palamonwana

сережка

lengena

шапка

kepisi

плічка

sepega baki

капелюх

hutshe

краватка

tae

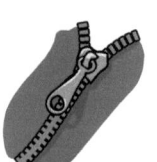

застібка-блискавка

zepe

шолом

hutshe ya sethuthuthu

підтяжки

ditrata tsa meno

шкільна форма

diaparo tsa sekolo

уніформа

diaparo tsa mmereko /
diaparo tsa sekolo

нагрудник

bebe

соска

tami

підгузок

mongato

офіс

kantoro

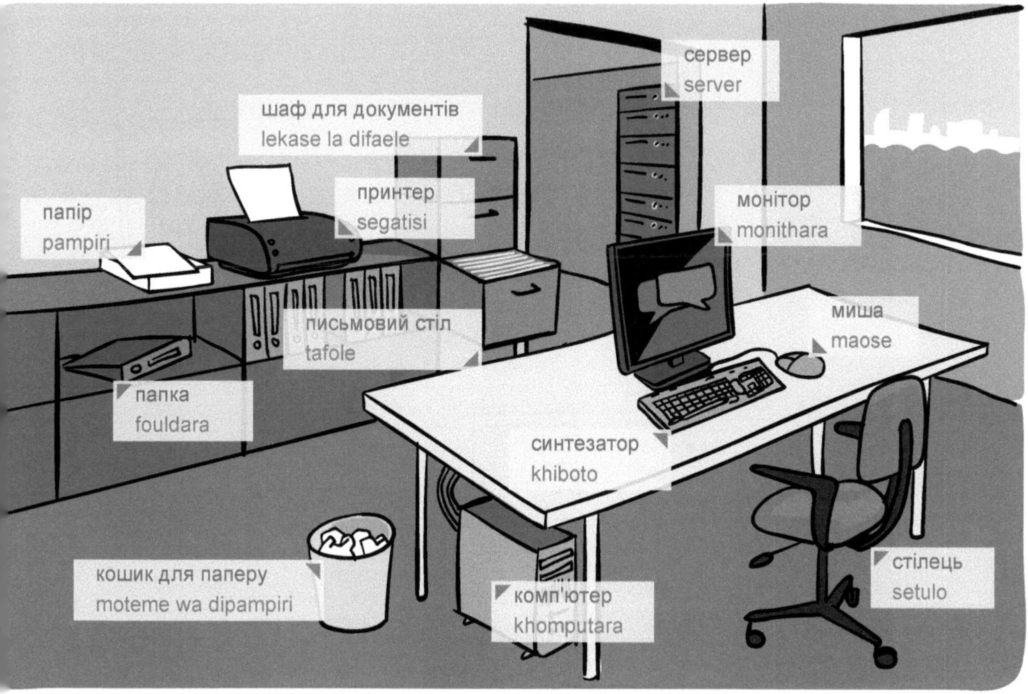

сервер
server

шаф для документів
lekase la difaele

принтер
segatisi

монітор
monithara

папір
pampiri

письмовий стіл
tafole

миша
maose

папка
fouldara

синтезатор
khiboto

кошик для паперу
moteme wa dipampiri

комп'ютер
khomputara

стілець
setulo

кавовий кухоль

kopi

калькулятор

khalkhuleitara

інтернет

inthanete

ноутбук

lapothopo

лист

lekwalo

повідомлення

molaetsa

мобільний телефон

mogala wa letheka

мережа

kgolagano ya megala

копіювальний пристрій

segatisa dipampiri

програмне забезпечення

software

телефон

mogala

розетка

sokete ya polaka

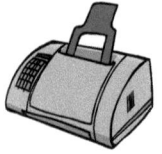

факс

motšhini wa fekese

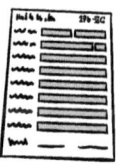

бланк

foromo

документ

setlankana

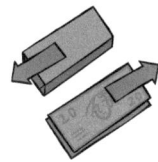

купувати

reka

платити

patela

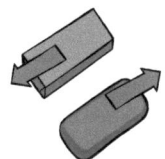

торгувати

rekisa

гроші

madi / tšhelete

долар

dolara

євро

euro

ієна

yen

рубль

roubele

франк

swiss franc

юанів женьміньбі

renminbi yuan

рупія

rupee

банкомат

lefelo la madi

обмінний пункт

kantoro ya go fetola madi

золото

gauta

срібло

selefera

нафта

oli

енергія

maatla

ціна

tlhwatlhwa

контракт

konteraka

податок

lekgetho

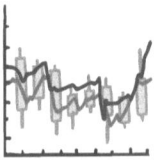

акція

setoko

працювати

dira

працівник

mothapiwa

роботодавець

mothapi

фабрика

bodirelo

магазин

lebenkele

професії

maemo

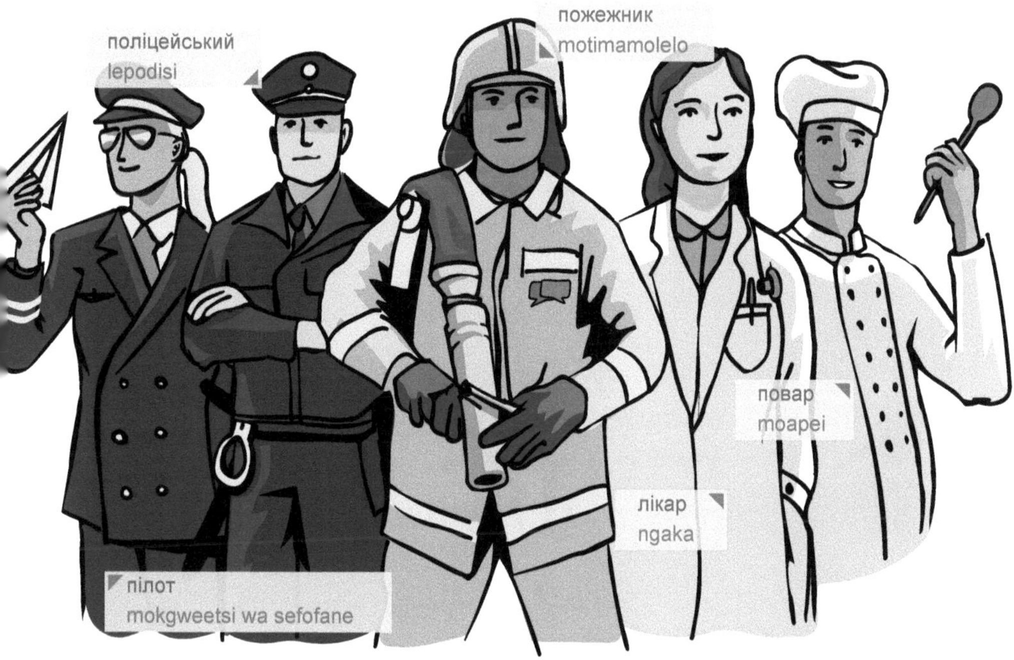

поліцейський
lepodisi
пожежник
motimamolelo
повар
moapei
лікар
ngaka
пілот
mokgweetsi wa sefofane

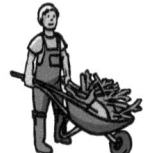

садівник

ratshingwana

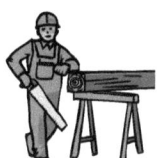

столяр

mmetli wa dikgong

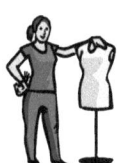

швачка

moroki

суддя

moatlhodi

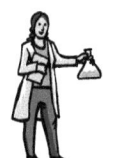

хімік

moitse wa melemo

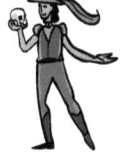

актор

modiragatsi

водій автобуса

mokgweetsi wa bese

таксист

mokgweetsi wa tekisi

рибалка

motshwari wa ditlhapi

прибиральниця

Mme yo o phepafatsang

покрівельник

moruledi

офіціант

weitara

мисливець

motsumi

художник

motaki

пекар

mmesi wa senkgwe

електрик

ramotlakase

будівельник

moagi

інженер

moenjenere

забійник

mosegi wa nama

бляхар

motsenyi wa diphaepe tsa metsi

листоноша

motsamaisa poso

солдат

leshole

архітектор

modiri wa dipolane

касир

morekisi

флорист

morekisi wa malomo

перукар

mokgabisamoriri

кондуктор

kondactara

механік

mokheneke

капітан

mokapeteine

дантист

ngaka ya meno

вчений

Rasaense

рабин

moruti

імам

imam

монах

moitlami

пастор

moruti

інструменти
didiriswa

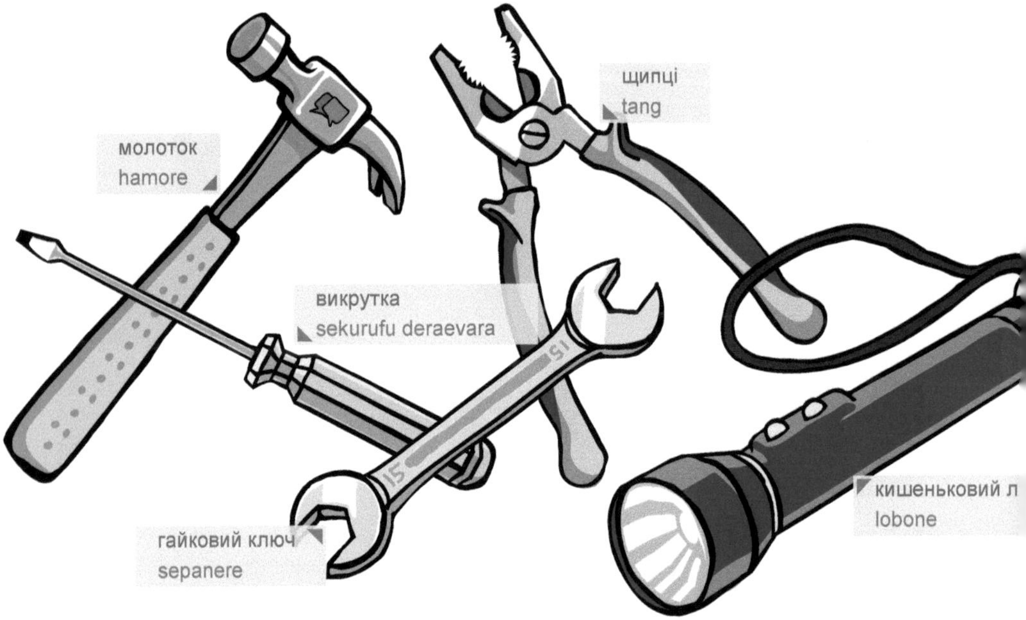

молоток
hamore
щипці
tang
викрутка
sekurufu deraevara
гайковий ключ
sepanere
кишеньковий л
lobone

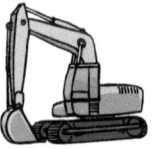

екскаватор

moepi

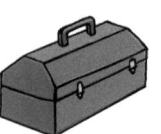

ящик для інструментів

bokoso ya didirisiwa

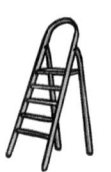

драбина

lere

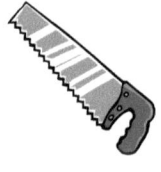

пилка

saga

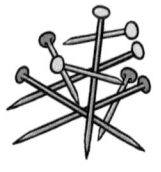

цвяхи

dipekere

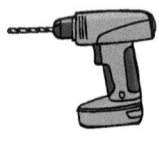

свердло

sebori

ремонтувати

baakanya

лопата

garawe

лайно!

ijaa!

совок

seolela matlakala

відро з фарбою

pitsa ya pente

гвинти

sekurufu

музичні інструменти
didirisiwa tsa mmino

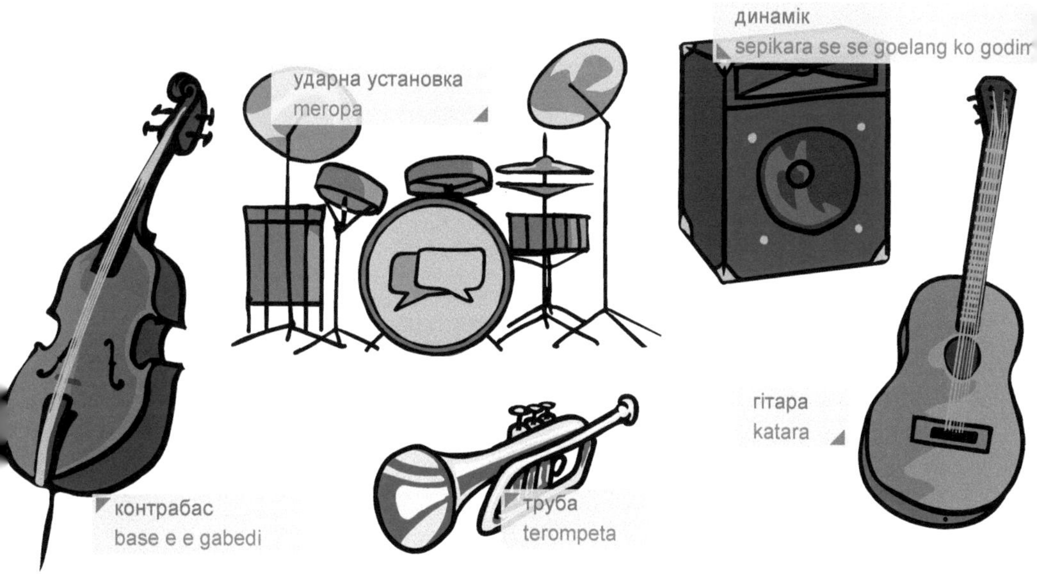

динамік
sepikara se se goelang ko godim

ударна установка
merora

гітара
katara

контрабас
base e e gabedi

труба
terompeta

фортепіано

piano

скрипка

bayolini

бас

base

литаври

timpane

барабан

meropa

клавіатура

khiboto

саксофон

sekesofone

флейта

phala

мікрофон

sebuela godimo

зоопарк

lefelo la go bonela diphologolo

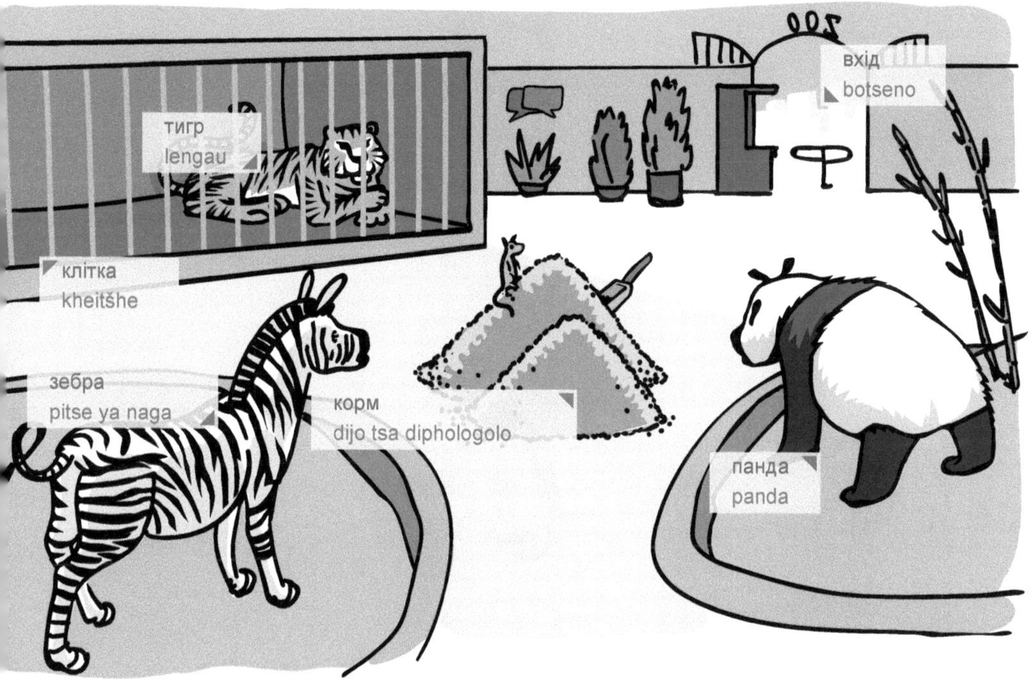

тигр
lengau
вхід
botseno
клітка
kheitšhe
зебра
pitse ya naga
корм
dijo tsa diphologolo
панда
panda

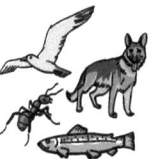

тварини

diphologolo

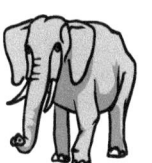

слон

tlou

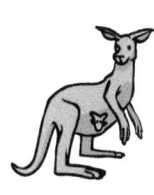

кенгуру

dikhankaruu

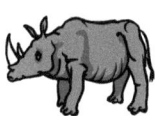

носоріг

tshukudu

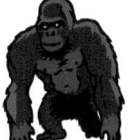

горила

tshweni

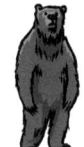

ведмідь

bera

верблюд

kamela

страус

kalakune

лев

tau

мавпа

tshwene

фламінго

flamingo

папуга

papalagae

білий ведмідь

bera e e dulang ko lefelong
le le tsididi thata

пінгвін

nonyane tsa lewatle

акула

leruarua

павич

phikoko

змія

noga

крокодил

kwena

працівник зоопарку

motlhokomedi wa
diphologolo

тюлень

sili

ягуар

katse

поні

petsana

леопард

lengau

гіпопотам

tshukudu

жираф

thutlwa

орел

ntsu

кабан

dikolobe tsa naga

риба

tlhapi

черепаха

khudu

морж

walrus

лисиця

ntja ya naga

газель

tshephe

американський футбол
kgwele ya dinao ya Amerika

їзда на велосипеді
motshameko wa baesekele

теніс
tenese

баскетбол
baseketebolo

плавання
thuma

бокс
motshameko wa go lwa ka diatla

хокей
hockey ya mo aeseng

футбол
kgwele ya dinao

бадмінтон
badminthone

легка атлетика
atletiki

гандбол
kgwele ya diatla

лижні перегони
skiing

поло
polo

стрибати
tlola

обіймати
tlamparela

сміятися
tshega

йти
tsamaya

співати
opela

мріяти
lora

молитися
rapela

цілувати
atla

писати

kwala

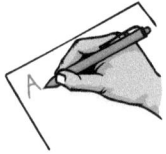

малювати

torowa

показувати

bontsha

тиснути

kgorometsa

давати

naya

брати

tsaya

мати

go nna

робити

dira

бути

nna

стояти

ema

бігати

taboga

тягнути

goga

кидати

latlha

падати

wa

лежати

maaka

очікувати

ema

носити

tsholetsa

сидіти

dula

одягати

apara

спати

robala

просипатися

tsoga

дивитися

leba

плакати

lela

гладити

thuma ka lemorago

розчісувати

kama

розмовляти

bua

розуміти

tlhaloganya

питати

botsa

слухати

reetsa

пити

nwa

їсти

ja

прибирати

phepafatsa

любити

lorato

варити

apaya

їхати

kgweetsa

літати

fofa

йти під вітрилом

seila

рахувати

khalkhuleitara

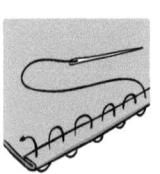

читати

bala

вчитися

ithute

працювати

dira

одружуватися

nyala

шити

roka

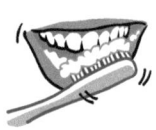

чистити зуби

tlhapa meno

убивати

bolaya

курити

tsuba

посилати

romela

бабуся
mmemogolo

дідуся
rremogolo

батько
rre

мати
mme

немовля
ngwana

донька
morwadi

син
morwa

гість

moeng

тітка

mmangwane

дядько

malome

брат

abuti

сестра

ausi

тіло
mmele

чоло
phatlha
око
leitlho
плече
legetla
палець
monwana
обличчя
sefatlhego
підборіддя
seledu
кисть
seatla
нога
leoto
груди
letsele
рука
letsogo

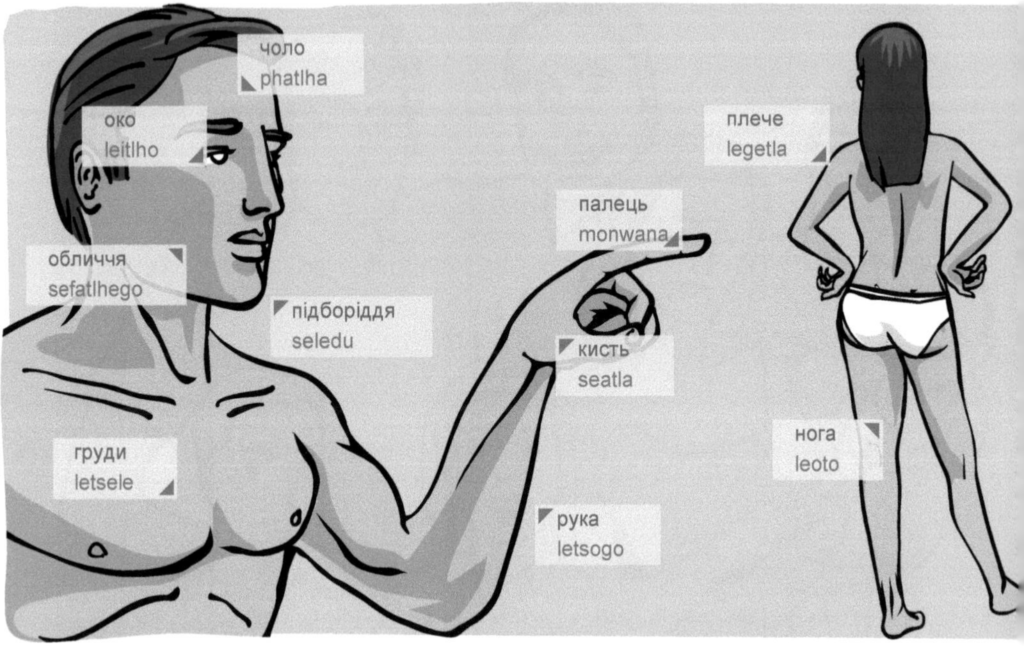

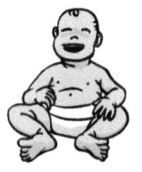

немовля

ngwana

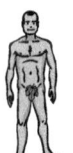

чоловік

monna

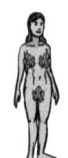

жінка

mosadi

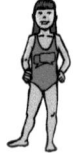

дівчина

mosetsana

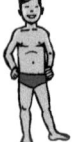

хлопчик

mosimane

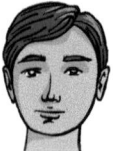

голова

tlhogo

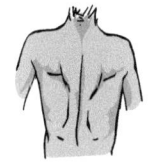

спина

mokwatla

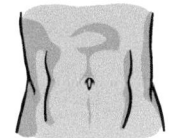

живіт

mpa

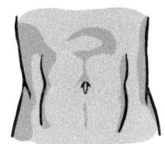

пуп

khubu

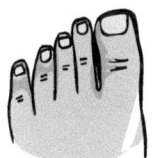

палець ноги

monwana

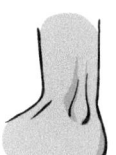

п'ята

serethe

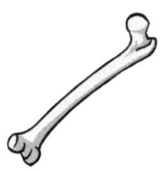

кістка

lerapo

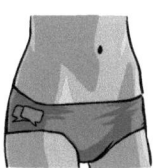

стегно

letheka

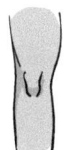

коліно

lengole

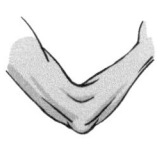

лікоть

sekgono

ніс

nko

сідниці

ko tlase

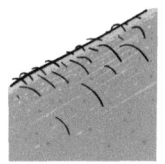

шкіра

letlalo

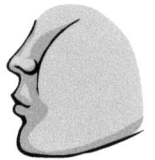

щока

lerama

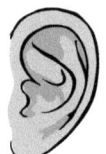

вухо

tsebe

губа

pounama

тіло - mmele

рот

molomo

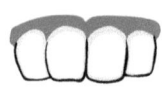

зуб

leino

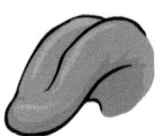

язик

loleme

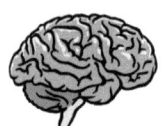

мозок

boboko

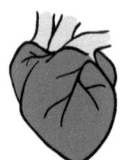

серце

pelo

м'яз

maatla

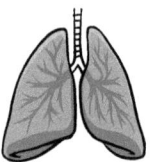

легені

lekgwafo

печінка

sebete

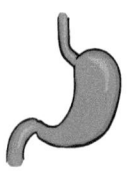

шлунок

mala

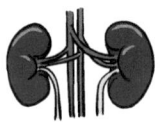

нирки

diphio

статевий акт

bong

презерватив

mosomelwana

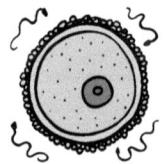

яйцеклітина

sebelegi sa ngwana

сперма

semen

вагітність

moimana

тіло - mmele

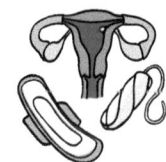

менструація

dinako tsa go tla ka kgwedi
tsa basadi

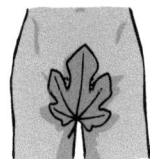

вагіна

serwe sa mosadi

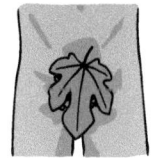

пеніс

serwe sa monna

брова

dintshi

волосся

moriri

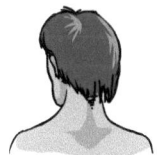

шия

thamo

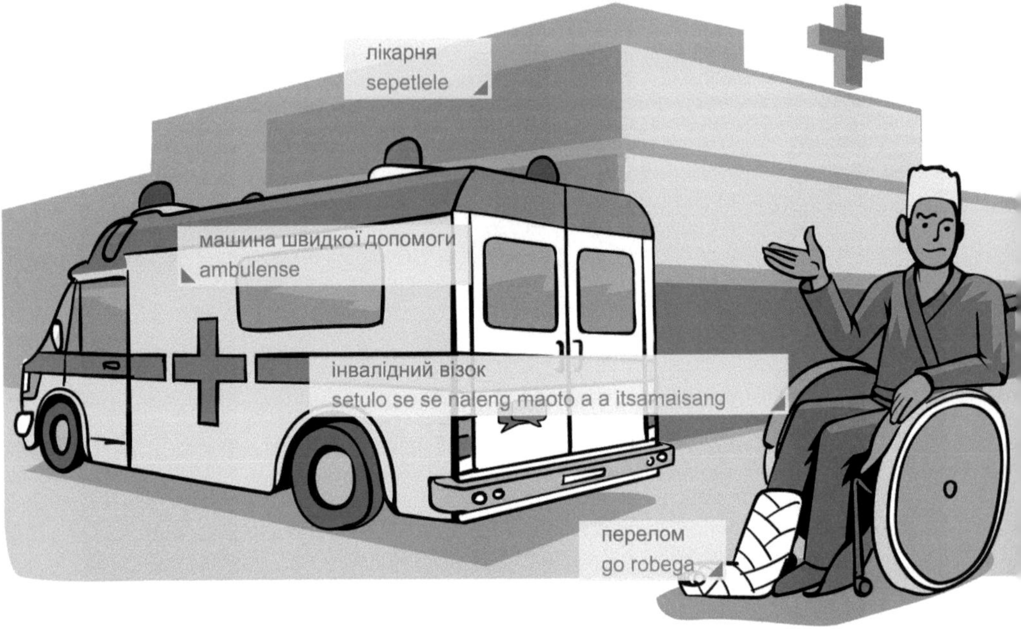

лікарня
sepetlele

лікарня
sepetlele
машина швидкої допомоги
ambulense
інвалідний візок
setulo se se naleng maoto a a itsamaisang
перелом
go robega

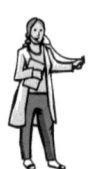

лікарь

ngaka

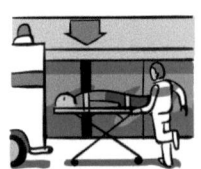

відділення швидкої медичної допомоги

phaphosi ya tshoganyetso

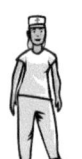

медсестра

mooki

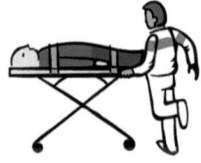

аварійний випадок

tshoganyetso

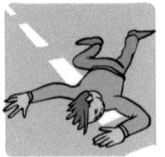

непритомний

idibala

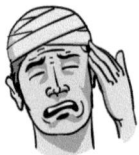

біль

setlhabi

травма

kgobalo

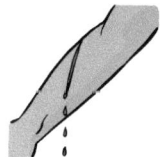

кровотеча

go dutla madi

інфаркт

tlhaselo ya pelo

інсульт

setorouko

алергія

bolwetsi

кашель

go gotlhola

лихоманка

fulu

грип

fulu

пронос

letshololo

головна біль

opiwa ke tlhogo

рак

kankere

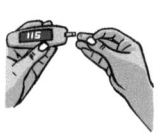

діабет

sukiri ya mmele

хірург

moari

скальпель

sekalepele

операція

karo

КТ

CT

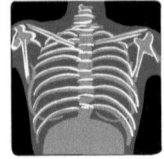

рентген

x-ray

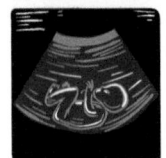

ультразвук

motšhini wa go leba mo mpeng

маска

sesira sefatlhego

хвороба

twatsi

зал очікування

phaposi boletelo

милиця

dithobane

пластир

polasetara

пов'язка

sefapho

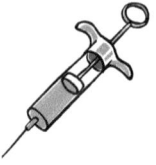

ін'єкція

lemao

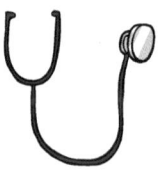

стетоскоп

setetosekoupu

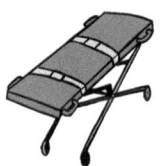

ноші

seteretšhara

термометр

themometara ya bongaka

народження

pelegi

надмірна вага

bokima jwa mmele

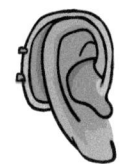

слуховий апарат

sedirisiwa sa go thusa go utlwa

дезінфікуючий засіб

sesireletsa dintho

інфекція

tshwaetso

вірус

mogare

ВІЛ / СНІД

HIV / AIDS

медицина

melemo

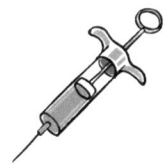

вакцинація

mokento

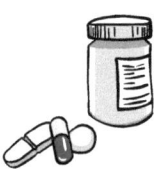

таблетки

thabolete

протизаплідна пігулка

pilisi

екстрений виклик

mogala wa tshoganyetso

тонометр

motšhini wa go ela tlhoko kgatelelo ya madi

хворий / здоровий

lwala / itekanetse

Допоможіть!

Thusa!

напад

tshotlako

сигнал тривоги

alamo

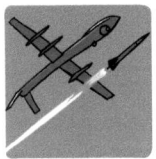

атака

tlhasela

небезпека

kotsi

аварійний вихід

kgoro ya tshoganyetso

Вогонь!

Molelo!

аварія

kotsi

вогнегасник

setima moleleo

аптечка

khiti ya go thusa ka dikgobalo

COC

SOS

поліція

lepodisi

Європа

Yuropa

Північна Америка

Bokone jwa Amerika

Південна Америка

Borwa jwa Amerika

Африка

Aforika

Азія

Asia

Австралія

Australia

Атлантика

Atlantic

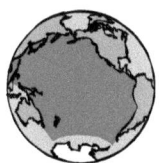

Тихий океан

Pacific

Індійський океан

Lewatle la India

Антарктичний океан

Lewatle la Antarctic

Північний Льодовитий
океан

Lewatle la Arctic

Північний полюс

Bokone

Південний полюс
....
Borwa

Антарктика
....
Antartica

Земля
....
Lefatshe

суша
....
lefatshe

море
....
lewatle

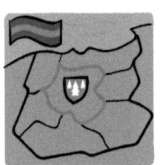

острів
....
losi lwa lewatle

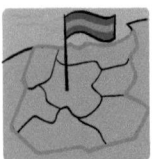

нація
....
lotso

держава
....
boemo

циферблат

lentle la tshupanako

годинникова стрілка

letsogo la ura

хвилинна стрілка

letsogo la metsotso

секундна стрілка

letsogo la metsotswana

Котра година?

ke nako mang?

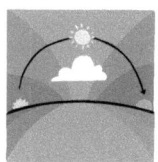

день

letsatsi

час

nako

зараз

go ne jaanong

цифровий годинник

tshupanako ya dijithale

хвилина

metsotso

година

ura

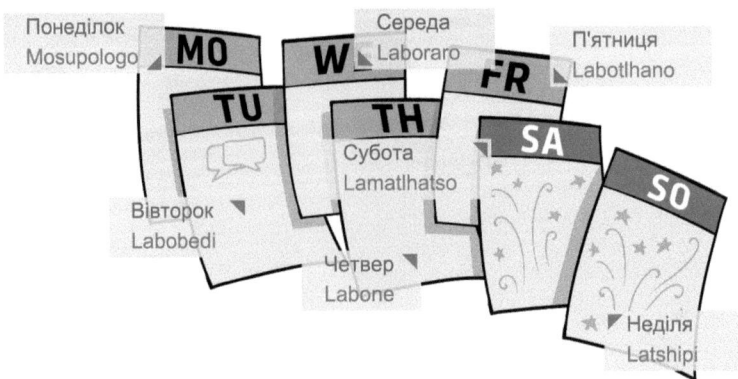

Понеділок
Mosupologo

Середа
Laboraro

П'ятниця
Labotlhano

Субота
Lamatlhatso

Вівторок
Labobedi

Четвер
Labone

Неділя
Latshipi

вчора

maabane

сьогодні

gompieno

завтра

kamoso

ранок

moso

опівдні

thapama

вечір

maitseboa

робочі дні

malatsi a tiro

кінець робочого тижня

mafelo a beke

рік

ngwaga

дощ
pula
веселка
motshe wa badimo
сніг
letlhwa
вітер
phefo
весна
dikgakologo
осінь
letlhafula
літо
selemo
зима
mariga

4.APRIL 11°
5.APRIL 4°
6.APRIL 13°
7.APRIL 8°
8.APRIL 10°

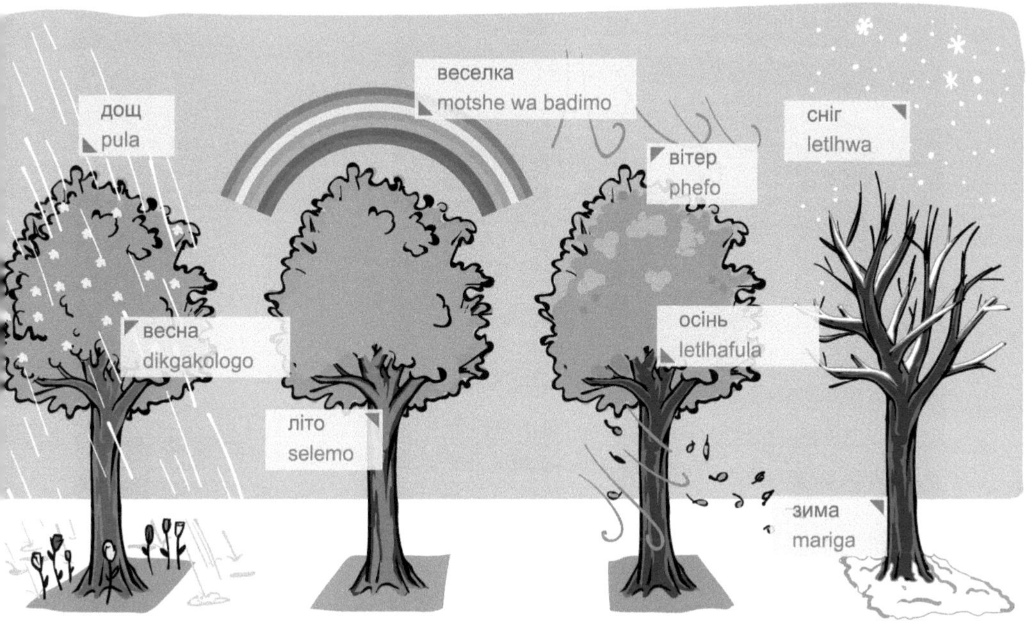

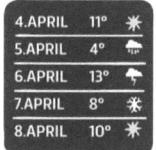

прогноз погоди

botsogo jwa loapi

F C
120 40
90 30
60 20
30 10
0 0
-30 -10
-20

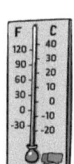

термометр

themomithara

сонячне світло

letsatsi

хмара

leru

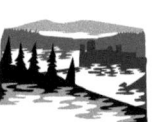

туман

mouwane

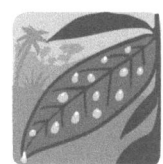

вологість повітря

humidity

блискавка

legadima

грім

modumo wa maru

шторм

matsubutsubu

град

sefako

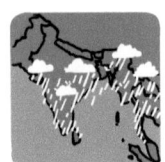

мусон

monsoon

повінь

morwalela

лід

aese

Січень

Ferikgong

Лютий

Tlhakole

Березень

Mopitlwe

Квітень

Moranang

Травень

Motsheganong

Червень

Seetebosigo

Липень

Phukwi

Серпень

Phatwe

Вересень

Lwetse

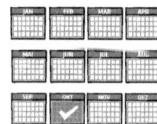

Жовтень

Diphalane

Листопад

Ngwanaatsele

Грудень

Sedimonthole

форми
dipopego

круг

kgolokwe

квадрат

khutlonne

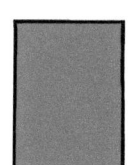

прямокутник

khutlonnetsepa

трикутник

khutlotharo

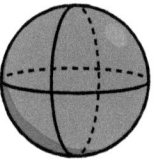

куля

khutlo

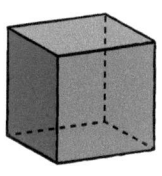

куб

khiubu

білий

tshweu

жовтий

serolwana

помаранчевий

mmala wa namune

рожевий

pinki

червоний

khibidu

фіолетовий

bohibidu jo bo mokgona

синій

pududu

зелений

tala

коричневий

tshetlha

сірий

tshetlha

чорний

ntsho

багато / мало

go le gontsi / go nnye

лютий / мирний

go kwata / go ritibala

гарний / бридкий

montle / maswe

початок / кінець

tshimologo / bofelo

великий / малий

tonna / nnyane

світлий / темний

lesedi / lefifi

брат / сестра

abuti / ausi

чистий / брудний

phepa / leswe

завершений / незавершений

feletse / go sa felela

день / ніч

motshegare / bosigo

мертвий / живий

o sule / o a tshela

широкий / вузький

bophara / tshesane

їстівний / неїстівний

ya jega / ga e jege

злий / дружній

bosula / molemo

збуджений / нудьгуючий

go itumela thata / go se itumele

товстий / тонкий

nonne / tshesane

спочатку / востаннє

ntlha / bofelo

друг / ворог

tsala / sera

повний / порожній

tletse / lolea

жорсткий / м'який

thata / bonolo

важкий / легкий

bokete / motlhofo

голод / спрага

tlala / lenyora

хворий / здоровий

lwala / itekanetse

незаконний / законний

dumelesega / dumeletswe

розумний / дурний

botlhale / sematla

вліво / вправо

molema / moja

поруч / далеко

gaufi / kgakala

новий / використаний

sesha / ya kgale

нічого / щось

sepe / sengwe

старий / молодий

mogolo / mosha

вкл / викл

tsenya / tima

відкрито / закрито

bula / tswetswe

тихо / гучно

tidimalo / modumo

багатий / бідний

khumo / lehuma

правильно / неправильно

siame / phoso

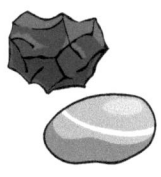

шорсткий / гладкий

ditlhotlhori / borethe

сумний / щасливий

hutsafetse / itumetse

короткий / довгий

khutshwane / telele

повільно / швидко

bonya / bonako

вологий / сухий

metsi / omile

гарячий / холодний

mololo / tsididi

війна / мир

ntwa / kagiso

протилежності - ganetsa

0
нуль
lefela

1
один
nngwe

2
два
pedi

3
три
tharo

4
чотири
nne

5
п'ять
tlhano

6
шість
thataro

7
сім
supa

8
вісім
robedi

9
дев'ять
robonngwe

10
десять
lesome

11
одинадцять
some nngwe

12

дванадцять

some pedi

13

тринадцять

some tharo

14

чотирнадцять

some nne

15

п'ятнадцять

some tlhano

16

шістнадцять

some thataro

17

сімнадцять

some supa

18

вісімнадцять

some robedi

19

дев'ятнадцять

some robonngwe

20

двадцять

masomamabedi

100

сто

lekgolo

1.000

тисяча

sekete

1.000.000

мільйон

milione

англійська

Sejatlhapi

американська англійська

Sejatlhapi sa Amerika

китайська височиновницька

se-China

хінді

se-Hindi

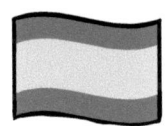

іспанська

se-Spanish

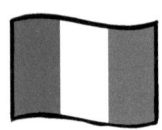

французька

se-For a

арабська

se-Araba

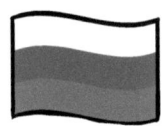

російська

se-Russia

португальська

se-Potokisi

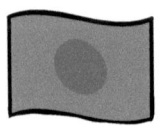

бенгальська

se-Bengali

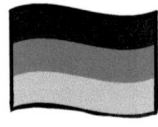

німецька

se-Jeremane

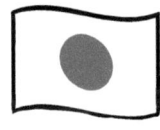

японська

se-Japane

я

Nna

ти

wena

він / вона / воно

ene / ene / sone

ми

re

ви

wena

вони

bone

хто?

mang?

що?

eng?

як?

jang?

де?

kae?

коли?

leng?

ім'я

leina

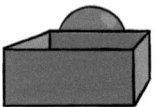

ззаду

mo morago

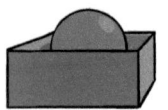

в

mo

перед

fa pele ga

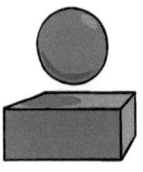

над

godimo

на

mo

під

fa tlase

біля

mo thoko

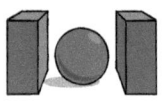

між

magareng

місце

lefelo